LA FIN

DE NOS MAUX.

LA FIN

DE NOS MAUX,

OU

LES PREMIÈRES VÊPRES

DE PRAIRIAL DE L'AN V.

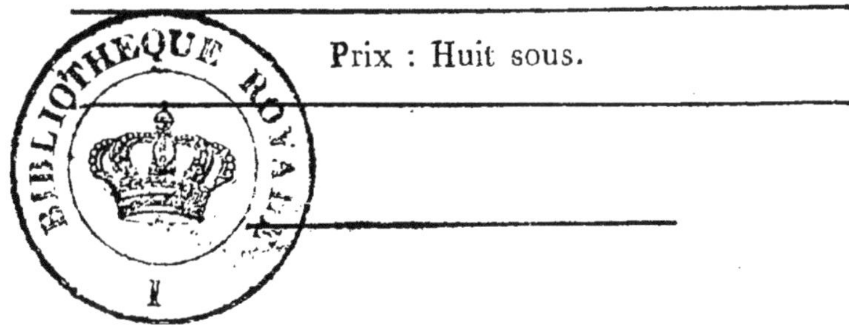

Prix : Huit sous.

A PARIS,

Chez **MOLLER**, Editeur, rue Hyacinte, place Saint-Michel, n°. 675,

DENTU, Libraire, Palais ci-devant Royal, galerie en bois, n°. 240,

SELLÈQUE, Libraire, rue des Francs - Bourgeois, place Saint-Michel, n°. 128.

Et chez tous les Marchands de Nouveautés.

1797. (An V.)

NOTE DU RÉDACTEUR.

JE ne prends pas le titre d'auteur, il ne me convient sous aucun rapport ; celui de copiste me conviendrait peut-être mieux. En voici la raison :

Je tenais un jour , par désœuvrement, un Pseautier; je fus frappé tout-à-coup par le passage d'un Pseaume où David (non le peintre , mais le prophète) trace en style de flamme une partie des horreurs qu'a enfantée la révolution; je poursuivis, et trouvai d'autres tableaux aussi frappans ; je sautai quelques feuillets qui s'écartaient du sujet, et je lus encore. Qu'y trouvai-je ? Hélas ! on va le voir.

Je voulus, pour ma propre satisfaction, recueillir des rapprochemens aussi piquans , eu égard aux circonstances. Je le fis , et le montrai ensuite à un ami qui en parut étonné, et qui dit , en plaisantant, que l'on devrait inviter les municipalités à faire chanter ces Pseaumes à l'enterrement de chaque Jacobin. Cette plaisanterie me donna l'idée d'en faire un office pour la veille de l'ouverture de notre nouveau Sénat. Mais il me fallait des antiennes, un capitule, etc. J'ouvris la Bible, et je trouvai dans Isaïe tout ce qu'il me manquait. Ainsi donc, à l'exception de l'hymne et et du cantique, dont une partie est parodiée, ces Vêpres sont extraites littéralement de David et d'Isaïe ; mais principalement de David,

C'était un fier Chouan que ce David ! Voyez donc, il était Roi : aussi, fait-il bien d'être mort, car MERLIN l'eut envoyé au conseil militaire, comme sorcier et embaucheur, etc. Mais revenons. J'ai cru que cette petite brochure pourrait faire plaisir et être utile à ceux qui se servent de leurs facultés, je veux dire à ceux qui pensent et qui réfléchissent. Cette seule raison m'a engagé à la faire imprimer.

C. BELLANGER,

LA FIN DE NOS MAUX,

OU

LES PREMIÈRES VÊPRES

DE PRAIRIAL DE L'AN V.

Après DEUS, IN ADJUTORIUM, on commence les Pseaumes suivans :

PSEAUME I.

LES Nations se sont assemblées en tumulte, et les peuples ont formé de vains projets (1).

Ceux qui les gouvernaient leur ont dit : il n'y a pas de Dieu.

Ils les ont corrompus, et se sont rendus abomi-

(1) Assemblées du peuple en 1789.

nables par leurs iniquités; aucun d'eux n'a fait le bien du peuple.

Le Seigneur a jeté du haut du ciel ses regards sur eux, pour voir s'il y en avait quelques-uns qui le connussent ou qui le cherchassent.

Tous se sont écartés du droit chemin ; tous se sont mutuellement infectés : il n'y en a pas qui soient justes ; il n'y en a pas un seul.

Levez la main sur nos ennemis, Seigneur, afin d'abattre pour jamais leur orgueil. Que d'impiétés n'ont-ils pas commises dans votre sanctuaire !!!!

Ceux qui vous haïssent, ont mis leur gloire à vous insulter au milieu de vos solemnités.

Ils ont placé leurs étendarts dans votre temple, et ils ont méconnu votre puissance.

Ils ont abattu les portes du lieu saint, comme on abat les arbres dans les forêts ; ils les ont brisées à coups de haches et de coignées (1).

Ils ont brûlé votre sanctuaire ; ils ont souillé et

(1) Pillage des églises en 1793.

mis

mis par terre le tabernacle où l'on révère votre nom.

Ils ont conspiré entre eux, et ils ont dit unanimement : Faisons cesser et abolissons de dessus la terre tous les jours de fêtes consacrées à Dieu.

Ils firent une figure tout près de leur Montagne, et ils adorèrent cette idole inanimée. (1).

Ils ont égorgé sur ses autels des victimes humaines, et ils en ont bu le sang (2).

Ils ont versé le sang des hommes, comme on verse celui des boucs ou des taureaux.

Ils ont choisi parmi eux, pour faire ces sacrifices, des tigres, des lions, et des panthères.

Et tous ces animaux sanguinaires, méconnaissant entre eux-mêmes, l'ordre de la nature se sont entr'égorgés.

Ils irritèrent le Seigneur par tant de crimes, et Israël fut frappé de grands maux (3).

(1) Statue de la Liberté, place de la Révolution.
(2) Massacres des 2 et 3 Septembre.
(3) Guerre extérieure, guerre civile, famine.

B

ANTIENNE.

Dieu d'abord a fait sentir sa colère aux enfans d'Israël, et sa main s'est appesantie davantage sur les contrées qui sont le long de la mer. (1).

PSEAUME II.

Cependant Dieu est plein de bonté pour Israël, et pour ceux qui ont le cœur pur.

On regarde cependant les méchans avec un œil de jalousie, en voyant la paix dont ils jouissent (2).

Ils ne participent point aux misères humaines, et ils ne ressentent point les fléaux des autres hommes.

C'est pourquoi l'orgueil les dominent. Ils se couvrent de crimes et d'impiétés.

L'abondance où ils vivent, est pour eux une source d'iniquités. Ils s'abandonnent à toutes les passions de leur cœur (3).

(1) La Vendée.
(2) Les amnistiés du 3 Brumaire.
(3) Jacobins encore en place.

Leurs pensées et leurs paroles ne tendent qu'aux crimes; ils publient hautement leurs iniquités.

Leur bouche est remplie de malédiction et d'aigreur; leurs pieds sont vîtes et légers pour répandre le sang (1).

Ils ne travaillent qu'à opprimer et à perdre les autres; ils ne connaissent point la voie de la justice.

Ils disent entre eux : Nous dominons sur les autres par la force; nous sommes les maîtres de faire ce qu'il nous plaît. Qui osera s'élever contre nous !

Ne feront-ils donc point de réflexions, tous ces ouvriers d'iniquités, qui dévorent le peuple comme un morceau de pain ?

Le tems vient où ces hommes qui faisaient gloire de ne rien craindre, sécherout de frayeur.

Qui fera sortir du Sénat le salut de la France. Le peuple alors sera dans la joie, et la nation dàns l'alégresse.

(1) Ils sont plus actifs que l'homme honnête.

ANTIENNE.

Le Seigneur a brisé le joug qui accablait son peuple, la verge qui le déchirait, et le sceptre de ceux qui l'opprimait tyranniquement, comme il fit autrefois à la journée de Madian. ISAÏE.

PSEAUME III.

Seigneur, écoutez nos prières, et que nos cris montent jusqu'à vous.

Car nos jours s'évanouissent comme la fumée, et nos os se dessèchent comme du bois à demi consumé par le feu.

Semblable à l'herbe fauchée, nous sommes tombés dans une extrême langueur, faute de nourriture (1).

A force de gémir et de soupirer, nos os tiennent à notre peau.

Nous sommes devenus semblables aux pélicans

(1) Situation des rentiers, pensionnaires, créanciers, etc.

des déserts et aux hiboux qui n'habitent que les lieux solitaires.

Nous passons les nuits sans dormir, et nous sommes comme des passereaux qui sont seuls sur des toits.

Tous les jours nos ennemis nous couvrent d'opprobes ; et qui autrefois nous comblait de louanges, nous charge maintenant d'imprécations.

Nous mangeons la cendre comme le pain, et ce que nous buvons est arrosé de nos larmes.

Nos ennemis nous ont précipités dans l'abîme ; ils nous ont enlevé ce que nous avions, et nous ont jeté dans les ombres de la mort.

Le sang de nos amis, de nos proches, qu'ils ont immolés à leur idole, n'a pu assouvir leur rage ; c'est ce qui fait qu'ils nous persécutent encore.

Nous avons été resserrés sans pouvoir sortir ; la violence de nos douleurs a rendu nos yeux tout languissans (1).

(1) La plupart ont été incarcérés.

Nous nous rappelons le souvenir de jours anciens ! Et nous adorons les œuvres de votre puissance, Seigneur.

Vous paraîtrez enfin, et vous aurez pitié de nos maux ; puisque le tems est venu d'avoir compassion de nous.

Délivrez-nous de tous nos ennemis, Seigneur, et ôtez-leur le pouvoir et les moyens de nous nuire.

Tirez nos ames de l'abattement et de l'affliction, et confondez les desseins de tous ceux qui veulent nous perdre.

La voix du Seigneur va briser les cèdres les plus élevés ; elle brisera les cèdres du Liban.

La voix du Seigneur consolera Israël et le remplira de force. La voix du Seigneur bénira le peuple et lui donnera la paix.

ANTIENNE.

Consolez-vous, consolez-vous, mon peuple, dit le Seigneur ; parlez aux enfans d'Israël, et déclarez-lui que ses maux sont finis. On entend déjà la voix de celui qui crie : Préparez la voix de la justice ; toutes les Montagnes et toutes les Collines seront abaissées. ALLELUIA.

PSEAUME IV.

Ne soyez point jaloux du bonheur des méchans, et ne portez point envie à ceux qui commettent encore l'iniquité.

Car ils sécheront aussi promptement que le foin, et se faneront aussi vite que les herbes et les légumes (1).

Découvrez vos maux au Sénat, espérez en lui, et il aura soin de vous.

Réprimez ces mouvemens de colère et de fureur qui s'élèvent dans vos cœurs, et n'ayez pas la mauvaise émulation d'imiter les méchans.

Car ceux qui mettent leur confiance dans le tems et sa justice, auront la paix pour héritage.

Encore un peu de tems, et le méchant ne sera plus ; vous chercherez le lieu où il était, et ne le trouverez point.

(1) Chûte prochaine de tous les coquins.

Les méchans observent le peuple pour le perdre; mais le Sénat se rit de leurs desseins, parce qu'il voit le moment de leur chûte.

Les injustes seront punis; et la race des impies périra (1).

Très-certainement, Seigneur, vous exterminerez l'impie. Eloignez-vous donc de moi, hommes sanguinaires.

Qui formez dans vos cœurs le dessein de bouleverser et de détruire la postérité des enfans d'Israël (2).

Leur artifice et leurs détours tourneront à leur confusion; et le mal qu'ils nous veulent faire retombera sur eux.

Des charbons ardens tomberont sur leurs têtes, ils languiront sur la terre, et seront accablés de maux à la mort.

Ceux qui ont répandu le sang périront, et leur corps mort sera la proie des bêtes carnassières.

Ils sentent déjà dans leurs flancs une ardeur qui

(1) Principes d'éternelle justice.
(2) Les Jacobins ont en horreur la constitution de l'an III.

les

les brûlent, et ils n'ont plus aucune partie saine dans leur corps.

Courbés et abattus sous le poids de leurs crimes, ils marchent tout le jour avec un visage pâle et défiguré. (1).

La pourriture et la corruption s'est formée dans leurs cœurs ; la violence de leur mal est un effet de leurs égaremens.

Leurs iniquités sont comme des flots qui les ont submergés ; c'est un pesant fardeau qui les accable.

Seigneur, vous voyez où tendent tous leurs desirs ; et les grincemens de leur ame ne vous sont point cachés.

Vous nous défendrez contre ces monstres, ô Seigneur ! et vous nous en délivrerez.

ANTIENNE.

Levez-vous, ô Isaïe ! revêtez-vous de votre force ; parez-vous des vêtemens de votre gloire, parce qu'à l'avenir il n'y aura plus d'incirconcis, ni d'impurs qui entrent chez vous. Levez-vous, et signalez votre règne par des actions miraculeuses.

(1) Tout le monde connaît le teint livide des Jacobins.

C

P s e a u m e V.

Etant sur le bord des fleuves d'Israël, nous nous y sommes assis, et nous y avons répandu des larmes en nous souvenant de Sion.

Nous avons suspendu nos harpes aux saules qui bordent ses prairies ;

Parce que ceux qui nous persécutaient, nous demandaient encore des cantiques de réjouissances (1).

Comment pouvions-nous chanter des cantiques, dans une terre couverte de morts et de bourreaux ?

Si je viens à l'oublier, ô tems d'horreur et de désolation ! ! ! ! ! Que ma main droite devienne sans mouvement.

Que ma langue demeure attachée à mon palais, si je ne me souviens toujours de toi.

Souviens-toi, ô Sénat ! des enfans d'Edom, aux tems de la persécution.

De ces hommes qui ont dit : Anéantissez, anéantissez-les tous, eux et leurs enfans (2).

(1) A lion, et dans d'autres villes, on faisait chanter ceux que l'on menaient à l'échafaut.

(2) Lisez les journaux de Marat et d'Hébert.

Ta justice prononcera, un jour, un jugement décisif; et tous ceux qui ont le cœur droit y applaudiront.

Tes consolations rempliront nos ames de joie, à proportion des maux dont nos cœurs ont été pénétrés.

Israël soupire après toi, comme le cerf altéré soupire après les eaux du torrent.

Tu nous garantiras de la gueule du lion; tu soutiendras notre faiblesse contre les attaques des licornes.

Nous sommes environnés par une troupe de chiens. Nous sommes assiégés par une multitude de furieux, qui veulent nous perdre.

Nous élevons les yeux vers vous, ô Sages, qui allez gouverner Israël !

Il y a assez long-tems que nous sommes l'objet de la raillerie des heureux du siècle, et des insultes de nos bourreaux.

Et Dieu ne laissera pas toujours durer la domination des méchans, de peur que les justes, eux-mêmes, ne portent leurs mains à l'iniquité.

ANTIENNE.

Je n'abandonnerai point Israël, dit le Seigneur,

mon cœur est touché, et mes entrailles sont émues de compasssion. Je guérirai leurs blessures; je les aimerai par une bonté toute gratuite; je serai à l'égard de mon peuple comme la rosée du matin. ALLELUIA.

CAPITULE.

ISAÏE.

Le grand jour d'Israël est proche, les jours de ténèbres et d'obscurité, de nuages et de tempêtes, sont passés.

Faites retentir les trompettes dans Sion; publiez une assemblée solemnelle remplie de sages et de savans envoyés par le peuple.

Que les prêtres se prosternent aux pieds des autels; qu'ils offrent des sacrifices gratuitement; et qu'ils n'instruisent plus le peuple pour en être payés.

Que ceux qui le gouvernent ne le tyrannisent plus, et qu'ils ne l'accablent plus d'impôts; car voici ce que dit le Seigneur :

Je vous ai confié la garde de mes brebis, et vous avez bu leur lait, et vous vous êtes couverts de leur laine; vous avez égorgé les plus grasses pour vous en nourrir; vous n'avez point travaillé à fortifier celles qui étaient faibles, ni à guérir celles qui étaient malades; vous n'avez point relevé celles qui étaient tombées; vous n'avez point ramené celles qui s'étaient égarées; et vous en avez, au contraire, égorgé qui n'avaient jamais quitté le troupeau.

Ecoutez donc maintenant, dit le Seigneur : Puisque mes brebis ont été dispersées, assommées, et égorgées, que vous n'avez pris aucun soin d'elles, et qu'elles ont été la proie des bêtes sauvages, je jure, par moi-même, que je vous ôterai la conduite de mon troupeau, afin que vous ne paissiez plus vous-mêmes; je délivrerai mes brebis de vos violences; et elles ne seront plus votre proie.

Elles auront d'autres pasteurs, qui les conduiront dans des pâturages frais, et les gouverneront avec douceur. DEO GRATIAS.

HYMNE.

Enfin, les tems marqués par les décrets du ciel vont s'accomplir; le Sénat s'assemble, et déjà nous annonce cet heureux jour, l'objet des vœux de tout le peuple.

Encore un peu de tems, et ceux qui doivent venir vont paraître. Exempts de la contagion du crime, ils iront cependant se confondre encore un peu de tems avec les restes de ceux qui en sont infectés.

Mais l'encens, la myrrhe, et l'aloès, étoufferont les restes de la cigüe.

Recevez nos hommages, ô Diète auguste ! vous êtes la pierre angulaire qui allez consolider un édifice nouvellement établi, et qui a déjà éprouvé de violentes secousses , par ceux-mêmes qui l'ont élevé (1).

L'angoisse qui resserrait nos cœurs va enfin se dissiper, et vos consolations nous feront oublier les suites de nos malheurs. Vous calmerez nos inquiétudes, et vous essuierez nos larmes.

Gloire éternelle au peuple qui vous a nommé; gloire aux tribuns qui vous envoyent. Que la justice et l'équité soient assis à votre droite. AINSI SOIT-IL.

Au lieu de MAGNIFICAT, on dira le cantique suivant :

Peuple, réjouissez-vous et battez des mains, témoignez au Sénat, par des cris de joie, votre grande alégresse.

Car il assujétira les tigres, et il mettra le lion sous ses pieds.

Le Sénat se rassemble au bruit des acclamations; il sera reçu au son des trompettes.

(1) Loi du 3 Brumaire.

Ces Sages sont les vrais élus des enfans d'Israël, et c'est-là ce qui fait la véritable élévation de ces pasteurs de la terre.

Nous allons entendre désormais la voix de la Sagesse, et des discours pleins de droiture et de vérité.

Nous vous révérons déjà, ô illustres et légitimes représentans !

Tous les peuples vous attendent, et toute la nation vous desire.

La respectable multitude des vieillards que l'on dépouille.

Les proches et les orphelins des victimes innocentes, immolées aux idoles.

Tout le peuple enfin, soupire après vous, législateurs éclairés, qui allez nous préparer le bonheur et la paix.

ANTIENNE.

ISAÏE.

En ces jours-là, les Israélites s'assemblèrent, et

choisirent parmi eux, ceux qu'ils voulurent pour les gouverner. Dieu approuva leur choix, et donna à ceux qu'ils élurent, le pouvoir de guérir les maladies, et de chasser les démons.

F I N.